Peter Georgi

Zu Platons Dialog Timaios (31b-32a)
Zur Platons Kosmologie

Peter Georgi

Zu Platons Dialog Timaios (31b-32a)

Zur Platons Kosmologie

Bibliografische Information der Deutschen Nationalbibliothek:
Die Deutsche Nationalbibliothek verzeichnet diese Publikation in
der Deutschen Nationalbibliografie; detaillierte bibliografische
Daten sind im Internet über dnb.dnb.de abrufbar.

© 2023 Dr. Peter Georgi
Herstellung und Verlag: BoD – Books on Demand, Norderstedt

ISBN: 9 783758 310898

Inhaltsübersicht

§ 1   Einleitung[1]

Im Dialog Timaios entwickelt Platon eine Kosmologie, wobei insbesondere der Aufbau der stofflichen Welt, der Wahrnehmungswelt, aus den vier Elementen Feuer, Luft, Wasser, Erde dargestellt ist (dabei sind die Elemente ihrerseits Komposita, sie sind aus gewissen Elementardreiecken zu später sogenannten vollkommenen, regelmäßigen oder platonischen Körpern zusammengesetzt). Insbesondere geht es im Timaios darum, in welcher Weise die vier Elemente bei der Gestaltung der stofflichen Welt miteinander in Verbindung treten sollen. Der Körper des Alls wurde von Gott aus Feuer und Erde geschaffen; dabei steht das Feuer für Sichtbarkeit und die Erde für Tastbarkeit. Die Luft und das Wasser sind nun Bindeglieder zwischen dem Feuer und der Erde, wobei Feuer zu Luft ist, was Luft zu Wasser ist, und Luft zu Wasser, was Wasser zu Erde ist, in Zeichen: F : L = L : W = W : E. Diese Verhältnisgleichheiten (ἀναλογίαι) haben ihr Vorbild in der Mathematik, wo von drei Zahlen A, B, C in einem genau definierten Sinne gesagt wird, wann sich A zu B (gleich) wie B zu C verhält, wann man hat: A : B = B : C.

Platon lässt im Dialog den Protagonisten Timaios (in 31b-c, in freier Wiedergabe) deklarieren: Die Verbindung zweier Entitäten A und C braucht immer ein Drittes, ein A und C verbindendes Band B, wobei das schönste aller Bänder dasjenige sei, welches sich selbst und das zu Verbindende möglichst zu Einem macht; dies geschehe am ehesten durch die ἀναλογία (d.h. erstrebt wird: B sei derart, dass es sich zu C verhält, wie A sich zu B). Im weiteren (31c-2a) erklärt dann Timaios näher, wie dieses Möglichst-zu-Einem-Machen durch die ἀναλογία geschehe.

Timaois' Deklaration und Erklärung dazu ist nun Thema der vorliegenden Arbeit. So befasst sie sich mit der Passage „ὅθεν ἐκ πυρὸς … ἓν πάντα ἔσται." in 31b-2a (Text und Übersetzung in § 2.1). Zwei Punkte bereiten dem Verständnis der Passage Schwierigkeiten:

- das in der Mitte der Passage stehende Syntagma εἴτε ὄγκων εἴτε δυνάμεων ὡντινωνοῦν

---

[1] Technische Vorbemerkung: Um das Schriftbild zu entlasten, werden griechische Zitate in der ganzen Arbeit zumeist ohne Anführungszeichen angeführt.

- der Nachvollzug, wie die *ἀναλογία* das, was verbunden wird, und das Verbindende möglichst zu Einem macht (und somit, wie Platon meint, die schönste Verbindung zweier Entitäten bewirkt).

Beim Syntagma stellt sich die Frage: Auf welches Satzglied bezieht es sich in welcher Weise? Diese Frage war schon verschiedentlich Gegenstand der Erörterung (z.B. in Standardkommentaren). Die vorliegende Arbeit versucht ihrerseits, in § 3, diese Frage zu beantworten.

Der Anlass der Einführung der *ἀναλογία* in Timaois' Erzählung von der Gestaltung der Welt und Timaois' Darstellung, wie die *ἀναλογία* das zu Verbindende und das Verbindende möglichst zu Einem macht, ist gewissermaßen der Rahmen des Syntagmaproblems. Deswegen, und weil beim Nachvollzugsproblem das Syntagmaproblem ausgeklammert werden kann, sei ersteres, in § 2, vor letzterem Thema der Untersuchung.

§ 2 In welcher Weise die *ἀναλογία* das „schönste aller Bänder" bewirkt

§ 2.1 Text und Übersetzung der Passage ὅθεν ἐκ πυρὸς …ἓν πάντα ἔσται in Timaios 31b-2a[2]

ὅθεν ἐκ πυρὸς καὶ γῆς τὸ τοῦ παντὸς ἀρχόμενος συνιστάναι σῶμα ὁ θεὸς ἐποίει. δύο δὲ μόνω καλῶς συνίστασθαι τρίτου χωρὶς οὐ δυνατόν· δεσμὸν γὰρ ἐν μέσῳ δεῖ τινα ἀμφοῖν συναγωγὸν γίγνεσθαι. δεσμῶν δὲ κάλλιστος ὃς ἂν αὑτὸν καὶ τὰ συνδούμενα ὅτι μάλιστα ἓν ποιῇ, τοῦτο δὲ πέφυκεν ἀναλογία κάλλιστα ἀποτελεῖν.

ὁπόταν γὰρ ἀριθμῶν τριῶν εἴτε ὄγκων εἴτε δυνάμεων ὡντινωνοῦν ᾖ τὸ μέσον, ὅτιπερ τὸ πρῶτον πρὸς αὐτό, τοῦτο αὐτὸ πρὸς τὸ ἔσχατον, καὶ πάλιν αὖθις, ὅτι τὸ ἔσχατον πρὸς τὸ μέσον, τὸ μέσον πρὸς τὸ πρῶτον <ᾖ>, τότε τὸ μέσον μὲν πρῶτον καὶ ἔσχατον γιγνόμενον <ᾖ>, τὸ δ' ἔσχατον καὶ τὸ πρῶτον αὖ μέσα ἀμφότερα <γιγνόμενα ᾖ>, πάνθ' οὕτως ἐξ ἀνάγκης τὰ αὐτὰ εἶναι συμβήσεται, τὰ αὐτὰ δὲ γενόμενα ἀλλήλοις ἓν πάντα ἔσται.

---

[2] < … > sind Einfügungen vom Verfasser. Zu den Einfügungen siehe gleich unten.

Der Teil „ὅθεν ἐκ πυρὸς ... ἀποτελεῖν." ist unproblematisch.[3] Alles Folgende in § 2 ist in der Hauptsache Analyse bzw. Interpretation des Satzes „ὁπόταν ... ἔσται." – unter Auslassung des Syntagmas εἴτε ὄγκων εἴτε δυνάμεων ὡντινωνοῦν (auf welches erst in § 3 eingegangen wird).

Zunächst in Übersicht zur Struktur des ὁπόταν-ἔσται-Satzes:
ὁπόταν ... ᾖ ..., καὶ πάλιν αὖθις ... <ᾖ>, τότε ... γιγνόμενον <ᾖ>, ... <γιγνόμενα ᾖ>, πάνθ᾽ ... συμβήσεται, τὰ αὐτὰ ... ἔσται. Im Wenn-Teil steht der Konjunktiv mit ἄν (ὁπόταν = ὁπότε + ἄν); für γιγνόμενον <ᾖ> könnte γίγνηται, und für <γιγνόμενα ᾖ> könnte γίγνωνται stehen. Mit γιγνόμενον bzw. γιγνόμενα wird aber aufgrund des zu ergänzenden ᾖ vielleicht noch deutlicher, wieweit der Wenn-Teil sich erstreckt. Der Dann-Teil beginnt mit πάνθ᾽, seine beiden Verben (συμβήσεται, ἔσται) stehen im Futur. Grammatisch gesehen liegt ein (durch ὁπότε temporal gefärbter) speziell prospektiver Konditionalsatz (ein Eventualis) vor.

Übersetzung:[4]
Aus Feuer und Erde schuf Gott daher den Körper des Alls, als er begann ihn zusammenzusetzen. Aber zwei Dinge alleine schön zusammenzufügen ohne ein drittes, ist nicht möglich. Daher ist nötig, dass ein Band in der Mitte von beiden sie zusammenbringt. Von allen Bändern aber das schönste ist das, welches sich selbst und das, was verbunden wird, möglichst zu Einem macht. Dies aber vermag ihrer Natur nach die Analogia (Proportion) am besten zu vollbringen.
Wenn nämlich von drei <in Reihe stehenden> Zahlen [εἴτε ὄγκων εἴτε δυνάμεων ὡντινωνοῦν] (O1)[5] was das Erste zur Mitte ist, das genau sie zum Letzten ist, und umgekehrt, (O2) was das Letzte zur Mitte ist, dies die Mitte zum Ersten ist, und <wenn> dann (O3) die Mitte zum Ersten und Letzten wird und <zugleich> das

---

[3] Einziges (unwesentliches) Problem ist der AcI bei δεῖ. Hier ist die Frage: Ist A = δεσμὸν ἐν μέσῳ ἀμφοῖν und I = συναγωγὸν γίγνεσθαι (dass ein Band in der Mitte von beiden ein sie Zusammenbringendes wird) oder ist A = συναγωγὸν und I = δεσμὸν ἐν μέσῳ ἀμφοῖν γίγνεσθαι (dass <zu einem>Band in der Mitte von beiden ein sie Zusammenbringendes wird) oder ist A = δεσμὸν ἐν μέσῳ ἀμφοῖν συναγωγὸν und I = γίγνεσθαι (dass ein in der Mitte zusammenbringendes Band entsteht)?

[4] Das Syntagma εἴτε ὄγκων εἴτε δυνάμεων ὡντινωνοῦν wird in § 2, wie in § 1 schon erwähnt, ausgelassen.

< ... > kennzeichnet Ergänzung, (...) kennzeichnet Alternative. Um, wo es darauf ankommt, genau (wörtlich) zu sein, nimmt die Übersetzung dort „unschöne" Formulierung in Kauf, anstatt „schön", aber dem Sachverhalt nur unzureichend gerecht werdend, zu formulieren (Beispiel: „Mitte" statt „mittlere Zahl", wie andere Übersetzungen τὸ μέσον wiedergeben).

[5] Das „O" in der Markierung „(O1)" und nachfolgend in den Markierungen „(O2)" und „(O3)" soll an ὁπόταν erinnern. Die so markierten Stellen sind somit als Teile des ὁπόταν-Satzes kenntlich.

Letzte und Erste Mittleres beides wird, dann wird in dieser Weise notwendig sich ergeben, dass alle dieselben sind, und es wird, indem sie dasselbe untereinander geworden sind, alles Eines sein.

§ 2.2 Zum Wenn-Teil des ὁπόταν-ἔσται-Satzes

In (O1) – (O3) ist von <u>ἀναλογίαι</u> = <u>Proportionen</u> = <u>Verhältnisgleichheiten</u> im Zahlenbereich die Rede. Mit <u>Zahlen</u> sind immer nur Zahlen der Folge 1, 2, 3, … gemeint. Zahlen werden mit Großbuchstaben bezeichnet: A B C D, die entsprechenden Zahl<u>zeichen</u> (solche sind in (O3) thematisiert) mit Kleinbuchstaben: a b c d (per definitionem ist also a = "A" usw.). Die Annahme, dass andere Entitäten als Zahlen als in Proportion stehend betrachtet werden, etwa Massen (ὄγκοι) und Kräfte (δυνάμεις), ist m.E. nicht haltbar (siehe § 3.4). Will man Zahlen als physikalische Maßzahlen sehen, ist zu bedenken, dass solche für Platon nur „angewandte", körperhafte Zahlen sind (vgl. Staat 525d).

(O2) ist als Folgerung aus (O1) anzusehen, und (O3) als Folgerung aus (O2) (auch wenn (O3) als Folgerung aus (O1) angesehen werden kann). Und so wie (O2) als Folgerung aus (O1) offensichtlich zum Wenn-Teil des des ὁπόταν-ἔσται-Satzes gehört, so gehört auch (O3) als Folgerung aus (O2) noch dazu, wobei τότε (dann) diesen Folgerungsschritt anzeigt.

Die Sachverhalte (O1) – (O3) seien in moderner Formulierung stenographiert:

(P1)   A : B = B : C   entspricht (O1)
(P2)   C : B = B : A   entspricht (O2)
(P3)   B : A = C : B   entspricht (O3)
(P4)   B : C = A : B   entspricht (O3) .[6]

Mit „A : B = C : D" (man lese: „A verhält sich zu B, wie C sich verhält zu D.") soll nichts anderes gemeint sein als „A B C D stehen in Proportion" (die Reihenfolge ist wesentlich) im Sinne der Definition in den EE von Verhältnisgleichheit bei Zahlen (Buch VII, Def.20): Sie sagt (etwas umformuliert): Zahlen A, B, C, D stehen in Proportion, wenn man hat: das größte gemeinsame Maß von A und B misst A bzw. B so oft, wie oft das größte gemeinsame Maß von C und D C bzw. D misst (dabei kann das größte gemeinsame Maß von A und B bzw. von C und D gleich einer der beiden Zahlen sein). Es scheint mir ziemlich wahrscheinlich, dass die Definition von Verhältnisgleichheit bei Zahlen zu Platons Zeit nicht bzw. kaum anders gefasst war als in den EE.

---

[6] Dabei ist A die erste Zahl (τὸ πρῶτον), B die mittlere (τὸ μέσον), C die letzte (τὸ ἔσχατον). Mit (O3) kann man nicht nur (P3), sondern auch (P4) gemeint sehen.

Hat man den Fall A : B = B : C (die Zahlen der Folge A B B C stehen in Proportion), spricht man von einer <u>stetigen Proportion mit einer mittleren Proportionalen</u> (einem geometrischen Mittel), damit ist B gemeint, in Zeichen: A – B – C. Hat man den Fall A : B = B : C = C : D, spricht man von einer <u>stetigen Proportion mit zwei mittleren Proportionalen</u> (zwei geometrischen Mitteln), damit sind B und C gemeint, in Zeichen: A – B – C – D. Bei einer stetigen Proportion mit einer mittleren Proportionalen spricht man auch kurz nur von einer <u>stetigen Proportion</u>.

Aufgrund der Definition in den EE von Verhältnisgleichheit bei Zahlen sind die folgenden vier Proportionsgleichungen untereinander äquivalent: (1) A : B = C : D, (2) B : A = D : C, (3) C : D = A : B, (4) D : C = B : A. Sie beschreiben die Vertauschbarkeiten, welche die Definition beinhaltet. (1) → (2) : A wird mit B, und C wird mit D vertauscht. (1) → (3) : das Paar A B wird mit dem Paar C D vertauscht (Symmetrie der Verhältnisgleichheit). (3) → (4) : C wird mit D, und A wird mit 3 vertauscht.

Anmerkung: Es gibt noch andere Verhältnisgleichheiten, die zu (1) A : B = C : D äquivalent sind, z.B. (5) A : C = B : D (EE Buch VII Satz 13). Hier ergibt sich aber die Äquivalenz nicht alleine aufgrund der obenstehenden Definition, sondern erst mit zusätzlichen grundlegenden und daraus gefolgerten Sätzen.

Wozu die Einführung der stetigen Proportion mit einer mittleren Proportionalen (31b-2a)? Sie dient schließlich Gott[7] dazu, die vier Elemente Feuer, Luft, Wasser, Erde harmonisch in Verbindung zu bringen, indem diese (oder: die ihnen zukommende Maßzahlen?) eine stetige Proportion mit <u>zwei</u> mittleren Proportionalen bilden (32b-c). Näheres dazu in § 3.5.

(O3) unterscheidet sich von (O1) und (O2) in der Weise, dass hier von den Zahl<u>zeichen</u> und nicht, wie in (O1) und (O2) von den Zahlen selbst gesprochen wird; offenbar geht hier die Betrachtung der Zahlen über in eine Betrachtung der entsprechenden Zahlzeichen. Die Folgerung (P2) → (P3)[8] wird in (O3) gleichsam mit Hilfe repräsentierender Quadrupel von Zahl<u>zeichen</u> beschrieben, per definitionem sei dabei a = „A", b = „B", c = „C":

(P2)   c   b   b   a

          ↓   ↓   ↓   ↓

(P3)   b   a   c   b

Man lese „↓" als „wird zu". Dann hat man genau die Aussage (O3): die Mitte (□, b, b, □) wird zum Ersten und Letzten (□, a, c, □), und das Letzte und Erste (c, □, □, a) werden beide zu Mittleren (b, □, □, b).[9]

---

[7] Gott als Kosmosgestalter wird im Timaios auch Demiurg (δημιουργός) und "Zusammensteller" (συνιστάς) genannt; zu den Stellen siehe Brandwood 1976.

[8] Diese Folgerung beschreibt die Symmetrie der Verhältnisgleichheit.

[9] Würde man τὸ πρῶτον, τὸ μέσον bzw. τὸ ἔσχατον als Bezeichnungen für das, was im <u>jeweiligen</u> Quadrupel am Anfang, in der Mitte bzw. am Ende steht, verstehen, so würde mit (O3), aufgefasst als Beschreibung der Folgerung (P2) → (P3), beschrieben werden, wie c b b a (in einer neuen Zeile) zu b a c b <u>neugeordnet</u> wird. Dann aber würde schlecht passen, dass nach der Neuplazierung von □ b b □ (alte Zeile) zu b □ □ b (neue Zeile) zuerst die Neuplazierung von □ □ □ a (alte Zeile) zu □ a □ □ (neue Zeile), d.h. die Neuplazierung des letzten

Dieses „wird zu" kann man sich gut veranschaulichen, wenn man als Zahlzeichen Vielfache einer Einheitsstrecke nimmt (wie z.B. in den EE Buch VII – IX), und beispielsweise „9" zu „6" wird (schrumpft), „6" zu „4" wird (schrumpft), „6" zu „9" wird (wächst), und „4" zu „6" wird (wächst):

„9" → „6" :　　　 --------- → ------

„6" → „4" :　　　 ------ → ----

„6" → „9" :　　　 ------ → ----------

„4" → „6" :　　　 ---- → ------　　　.[10]

Mit (O3) kann man nicht nur (P3), sondern auch (P4) gemeint sehen. Was dafür spricht, dass Platon an alle vier Proportionsgleichungen gedacht hat, wird in der gleich folgenden Interpretation 1 in § 2.3 deutlich werden.

§ 2.3　　Zum Dann-Teil des ὁπόταν-ἔσται-Satzes

Worin besteht nun die Folgerung, die Platon aus den Prämissen (O1) – (O3) bzw. aus den Proportionsgleichungen (P1) – (P3) bzw. (P1) – (P4) zieht und mit dem

---

Zeichens (τὸ ἔσχατον) der alten Zeile zu einem der mittleren Zeichen (τὰ μέσα) der neuen Zeile erfolgt. Stimmiger wäre, wenn die Neuplazierung von c □ □ □ (alte Zeile) zu □ □ c □ (neue Zeile), d.h. die Neuplazierung des ersten Zeichens (τὸ πρῶτον) der alten Zeile zu einem mittleren Zeichen der neuen Zeile erfolgen würde. Dasselbe Problem hat man offenkundig, wenn man mit (O3) die Folgerung (P1) → (P3), (P2) → (P4) oder (P1) → (P4) beschrieben sehen würde. Von daher ist es sinnvoller, die Bezeichnungen τὸ πρῶτον, μέσον, ἔσχατον so zu verstehen, dass sie sich <u>nur</u> auf die erstgegebene Reihenfolge beziehen (siehe Übersetzung in § 2.1: "Wenn von drei <in Reihe stehenden> Zahlen ... die Mitte ... "). Die Zeichen A B C bzw. a b c stehen <u>in diesem Sinne</u> für τὸ πρῶτον, μέσον, ἔσχατον, z.B. in den oben angegebenen Quadrupeln c b b a und b a c b.

[10] Bei den Zahlzeichen lässt sich die konkrete (physische) Gestalt von der „idealen" Gestalt (als „Vorlage" zur konkreten Gestaltung) unterscheiden; nimmt man Strecken als Zahlzeichen, also die konkret gezeichnete Strecke von der „idealen". Mit den „idealen" Zahlenstrecken, zusammengesetzt aus untereinander gleichen „idealen" Streckeneinheiten, hat man – nach Aristoteles' Darstellung von Platons Ansicht (Metaphysik 987b14-8) – „Mathematika" vorliegen, „die ein eigenes Sein zwischen den Ideen und den Sinnesdingen haben; von den Sinnesdingen unterscheiden sie sich dadurch, dass sie ewig und unveränderlich sind, von den Ideen dadurch, dass es die Mathematika als jeweils viele gleiche gibt, während die Idee jeweils nur eine ist". So gibt es etwa (unzählig viele) ideale Strecken, die alle untereinander exakt gleich(lang) sind; sie alle haben teil (im platonischen Sinne) an der Idee einer Strecke von einer gewissen Länge, sind exakte Abbilder von ihr, die wiederum teilhat an der Idee von Strecke überhaupt. Im Rahmen der Interpretation braucht aber auf die Thematik konkret gezeichnete versus mathematische Zahlenstrecke nicht eingegangen zu werden.

Dann-Teil des ὁπόταν-ἔσται-Satzes (πάνθ᾽ οὕτως ... ἓν πάντα ἔσται) interpretationsbedürftig andeutet?

Eine Interpretation zu geben, von der man <u>sicher</u> sein kann, dass sie, zumindest im wesentlichen, erfasst, was Platon andeutend meint, ist wohl kaum möglich. Im folgenden seien zwei Interpretationen gegeben, die mehr oder weniger dasselbe darlegen.

Interpretation 1

Ihr Ausgangspunkt ist die allgemeine Situation von vier in Proportion stehenden Zahlen A B C D. Betrachtet man die Zahlzeichenfolgen, welche die vier ἀναλογίαι repräsentieren, die aufgrund der Definition von "in Proportion stehen" von vier Zahlen gegeben (und untereinander äquivalent) sind, nämlich

a b c d

b a d c

c d a b

d c b a,

so sieht man: Jedes Zahlzeichen kommt an jeder Stelle (= Spalte) vor, oder mehr platonisch formuliert: Jedes Zahlzeichen „wird" an jeder Stelle „zu" jedem anderen Zahlzeichen. Etwas formalisierter: Für jedes Zahlzeichen x hat man:
(*) x „wird" an jeder Stelle „zu" jedem anderen Zahlzeichen.[11]

Im Falle einer stetigen Proportion, das heißt bei den Zahlzeichenfolgen, welche die ἀναλογίαι (P1) – (P4) (siehe p.10) repräsentieren, nämlich

a b b c

c b b a

b a c b

b c a b,

ist natürlich dasselbe zu beobachten.

---

[11] Zu dem „wird zu" siehe p.11-2. (*) anders formuliert: x kann an jeder Stelle durch jedes andere Zahlzeichen ersetzt werden.

Alle drei Zahlzeichen haben also die gemeinsame Eigenschaft (∗). Offensichtlich ist, dass bei Proportionsbetrachtungen keine weiteren Eigenschaften von Zahlzeichen von Bedeutung sind. In <u>Hinsicht</u> also auf die bei Proportionsbetrachtungen einzig relevante Eigenschaft von Zahlzeichen (a) unterscheiden sich die Zahlzeichen nicht, (b) sind sie dieselben, (c) sind sie Eines (Klimax: (a) → (b) → (c)). Dies könnte zunächst gemeint sein mit πάνθ᾿ οὕτως ἐξ ἀνάγκης τὰ αὐτὰ εἶναι συμβήσεται, τὰ αὐτὰ δὲ γενόμενα ἀλλήλοις ἓν πάντα ἔσται (Subjekt von συμβήσεται und ἔσται wären also die Zahlzeichen), wobei also das „in Hinsicht auf" unterdrückt wäre.[12] Die Stelle ἓν πάντα ἔσται korrespondiert mit der Stelle ὅτι μάλιστα ἓν ποιῇ, wo es (den Kontext heranziehend) heißt: das schönste aller Bänder, das zwei Dinge miteinander verbindet, ist das, welches sich selbst und das, was verbunden wird, möglichst zu Einem macht, was die ἀναλογία am besten zu bewerkstellige vermöge. Dabei ist offensichtlich an eine stetige Proportion gedacht, deren Außenglieder (A, C) als das zu Verbindende und deren Mittelglied, die mittlere Proportionale, (B) als das Verbindende angesehen wird. Dieses Möglichst-zu-Einem-Machen bei einer stetigen Proportion von Zahlen kann man (im Versuch, sich Platons Sichtweise zu eigen zu machen) wie folgt bewirkt sehen: Lässt man den Unterschied zwischen Zahlzeichen und Zahl wegfallen (identifiziert man beide, mit dem Subjekt von συμβήσεται und ἔσται sind dann auch die den Zahlzeichen entsprechenden Zahlen gemeint) und fokussiert man sich aus genanntem Grund bei den Eigenschaften von Zahlzeichen alleine auf die Eigenschaft (∗), werden die drei betrachteten in Proportion stehenden Zahlen letztlich Eines, sind sie „möglichst zu Einem gemacht" (ὅτι μάλιστα ἓν ποιῇ). Platons Spiel bei der Aussage, dass die besagten Zahlen letzlich Eines sind (obwohl sie ja verschieden sind), ist, könnte man sagen, wegfallen zu lassen: <u>insofern</u> ihre Zahlzeichen sich <u>hinsichtlich</u> der Eigenschaft (∗) nicht unterscheiden.

Die Verschiebung der Betrachtung von Zahlen zu Zahlzeichen wird dadurch wesentlich begünstigt, dass mit τὸ μέσον, τὸ πρῶτον, τὸ ἔχσατον zunächst Zahlen und später, ab (O3), deren Zahlzeichen gemeint sind. Beim Lesen von (O1) und (O2)

---

[12] Sagt man von zwei Strecken, dass sie gleich sind, meint man in der Regel, dass sie gleich<u>lang</u> sind, dass sie hinsichtlich Länge gleich sind. Also auch bei dieser Gleichheitsaussage wird beispielsweise das „in Hinsicht auf" unterdrückt. Zwei Strecken können im übrigen auch hinsichtlich Richtung gleich sein. Sagt man von zwei Entitäten, dass sie gleich sind, meint man meist eine <u>partielle</u> Gleichheit, eine Übereinstimmung beider Entitäten hinsichtlich einer oder mehrer (evtl. auch unendlich vieler), aber nicht aller Eigenschaften. Erinnert sei in diesem Zusammenhang an die Leibnizsche Definition von Gleichheit: zwei Entitäten sind gleich, wenn sie in allen Eigenschaften übereinstimmen.

muss eigentlich auffallen, dass es τὸ μέσον, τὸ πρῶτον, τὸ ἔσχατον und nicht ὁ μέσος (sc. ἀριθμός) usw. heißt (was viele Übersetzungen ignorieren). Und beim Lesen von (O3) muss auffallen, dass erstmal mit τὸ μέσον usw. von den Zahlzeichen[13] und nicht mehr von den Zahlen selbst, wie sie sich zueinander verhalten, die Rede ist.

Man kann noch einen anderen Grund dafür sehen, warum die Zahlen der stetigen Proportion (ἀναλογία) in (O1) bzw. (O2) des ὁπόταν-Satzes mit den <u>Neutra</u> τὸ μέσον, τὸ πρῶτον, τὸ ἔσχατον bezeichnet werden.[14] Man kann nämlich in diesen Neutra einen <u>Anschluss</u> sehen an die Neutra δύο, ἀμφοῖν, τρίτου und συνδούμενα (siehe die anfängliche Teilpassage ὅθεν ἐκ πυρὸς … ἀποτελεῖν in § 2.1),[15] d.h. an konstituierende Begriffe der δεσμός-„Theorie". Für diese ist die ἀναλογία von besonderer Bedeutung ist, weil sie nach Timaios' (Platons) Ansicht „in schönster Weise" zweierlei durch ein drittes zu verbinden versteht. Und in der stetigen Proportion (ἀναλογία) in (O1) bzw. (O2) finden nun die besagten Begriffe ihre Anwendung (Konkretisierung) im Sinne von: τὸ πρῶτον + τὸ ἔσχατον = δύο = ἄμφω = συνδούμενα und τὸ μέσον = τὸ τρίτον.[16]

Interpretation 2

Hierbei sei von den Proportionsgleichungen (P1) – (P3) ausgegangen (also ohne (P4) wie bei Interpretation 1).

Formuliert man die Folgerung (P1) → (P2), so wie Platon die Folgerung (P2) → (P3) in (O3) formuliert hat, erhält man:

(P1)   a   b   b   c

         ↓ ↓ ↓ ↓

(P2)   c   b   b   a

---

[13] Man könnte bei τὸ μέσον, τὸ πρῶτον, τὸ ἔσχατον dann ergänzen: σημεῖον, σῆμα oder ähnlich.

[14] In (O3) sind ja mit diesen Neutra nicht mehr Zahlen, sondern deren Zahlzeichen gemeint.

[15] δύο, ἀμφοῖν und τρίτου sind sicherlich als Neutra zu verstehen.

[16] Noch ein anderer Grund für die Neutra τὸ μέσον usw. wäre gegeben, wenn nicht nur Zahlen, sondern auch andere Entitäten – es wird vertreten, dass mit den ὄγκοι und δυνάμεις im ὁπόταν-Satz solche gemeint sind – als in Proportion stehend betrachtet werden würden. M.E. werden aber in unserer Stelle (Timaios 31b-2a) nur Zahlen als in Proportion stehend betrachtet (siehe p.10).

wobei (siehe p.11) a, b, c die den Zahlen A, B, C entsprechenden Zahlzeichen sind und „↓" als „wird zu" zu lesen ist. Man erhält also: das Erste wird zum Letzten und das Letzte wird zum Ersten, in Zeichen: a ↔ c .

Es sei nochmals (wie p.11) die Folgerung (P2) → (P3), so wie Platon sie formuliert hat, angegeben:

(P2)   c   b   b   a

        ↓   ↓   ↓   ↓

(P3)   b   a   c   b

Man hat also: die Mitte wird zum Ersten, und das Erste zur Mitte; die Mitte wird zum Letzten, und das Letzte zur Mitte; in Zeichen: b ↔ a und b ↔ c .

Zusammengefasst hat man:

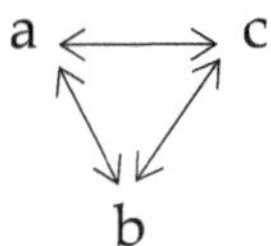

Oder: Ist x ein beliebiges Zahlzeichen, dann hat man für die anderen Zahlzeichen y: x ↔ y. Oder: Für zwei beliebige verschiedene Zahlzeichen x, y hat man: x ↔ y.[17]

Vielleicht denkt nun Platon daran, aus dem wechselseitigen „wird zu" zwischen den Zahlzeichen a, b, c auf deren Gleichheit (wird x zu y und y zu x, muss x = y sein) spielerisch „schließen" zu dürfen. Und würde weiters der Unterschied zwischen Zahl und Zahlzeichen verwischt werden, würde man erhalten, dass die den Zahlzeichen entsprechenden Zahlen einander gleich sind.

§ 3 Das εἴτε ὄγκων εἴτε δυνάμεων - Syntagma

§ 3.1 Vier Lesarten der εἴτε ὄγκων εἴτε δυνάμεων - Stelle im Überblick

Nun zum <u>Problem</u> des Syntagmas εἴτε ὄγκων εἴτε δυνάμεων ὡντινωνοῦν (vgl. § 1). Beim ihm stellt sich die Frage: Auf welches Satzglied bezieht es sich in welcher

---

[17] Beide Aussagen gelten auch, wenn x und y dieselben Zahlzeichen sind.

Weise? Zur Erörterung dieser Frage sei etwas Kontext hinzugenommen: ὁπόταν γὰρ ἀριθμῶν τριῶν εἴτε ὄγκων εἴτε δυνάμεων ὡντινωνοῦν ᾖ τὸ μέσον, und seien vier Lesarten dieser Stelle angegeben. Die ersten drei sind gleichsam „klassisch", die letzte ist mein Vorschlag:[18]

(1) Lesart „ε ογ ε δυ ist Appos. zu αρ" (§ 3.2):
- Wenn nämlich von drei Zahlen, ob von irgendwelchen drei Kubikzahlen, ob von irgendwelchen drei Quadratzahlen, die mittlere ist …
- Hier ist εἴτε ὄγκων εἴτε δυνάμεων ὡντινωνοῦν Apposition zu ἀριθμῶν τριῶν.

(2) Lesart „ε ογ ε δυ με ist Appos. zu αρ με" (§ 3.3):
- Wenn nämlich von drei Zahlen die mittlere, ob von irgendwelchen zwei Kubikzahlen oder von irgendwelchen zwei Quadratzahlen die mittlere, ist …
- Hier ist εἴτε ὄγκων εἴτε δυνάμεων ὡντινωνοῦν τὸ μέσον Apposition zu ἀριθμῶν τριῶν τὸ μέσον.

(3) Lesart „ε αρ ε ογ ε δυ ist Gen.attr. zu με" (§ 3.4):
- Wenn nämlich, ob von irgendwelchen drei Zahlen, ob von irgendwelchen drei ὄγκοι, ob von irgendwelchen drei δυνάμεις die Mitte ist …
- ἀριθμῶν, ὄγκων, δυνάμεων sind alternative Glieder eines Genetivattributes zu τὸ μέσον.

(4) Lesart „ε ογ ε δυ ist Gen.attr. zu αρ" (§ 3.5):
- Wenn nämlich von drei Zahlen, ob von irgendwelchen Massen, ob von irgendwelchen Kräften, die mittlere ist …
- εἴτε ὄγκων εἴτε δυνάμεων ὡντινωνοῦν ist Genetivattribut zu ἀριθμῶν τριῶν.

§ 3.2 Zur Lesart „ε ογ ε δυ ist Appos. zu αρ"

- „Wenn nämlich von drei Zahlen, ob von irgendwelchen drei Kubikzahlen, ob von irgendwelchen drei Quadratzahlen, die mittlere ist …"

---

[18] „Klassisch" im Sinne von Standardübersetzungen bzw. -kommentaren wie Archer-Hind 1888, Taylor 1928, Cornford 1937, Bury 1975. Die ersten drei Lesarten werden auch – unter Berücksichtigung von Archer-Hind, Taylor, Cornford und Heath 1925 und anderen – bei Pritchard 1990 (The meaning of Δύναμις at Timaeus 31c) erörtert. Auf seine Erörterungen möchte ich ausdrücklich hinweisen. Wem meine Auseinandersetzung mit den ersten drei Lesarten zu knapp gehalten erscheinen, in der einen oder anderen Hinsicht, der findet bei Pritchard genügend weitere Information.

- Hier ist εἴτε ὄγκων εἴτε δυνάμεων ὡντινωνοῦν Apposition zu ἀριθμῶν τριῶν.

Die Appositionslesart ist aus formal-grammatischer Sicht wohl die naheliegendste. Sie „zwingt" dazu, mit ὄγκος und δύναμις Zahlarten bezeichnet zu sehen.

Sind aber die ὄγκοι bzw. δυνάμεις Zahlen, lässt sich gegen die Auffassung von εἴτε ὄγκων εἴτε δυνάμεων ὡντινωνοῦν als Apposition zu ἀριθμῶν τριῶν vorbringen, dass man denselben Sachverhalt ohne einleitend allgemein von ἀριθμοί zu sprechen (prägnanter und kürzer) formulieren kann, etwa wie folgt: ὁπόταν γὰρ εἴτε ὄγκων τριῶν ὡντινωνοῦν εἴτε δυνάμεων ᾖ τὸ μέσον, ... (wenn nämlich ob von irgendwelchen drei ὄγκοι oder <irgendwelchen drei> δυνάμεις die mittlere ist ...).[19] Es ist sachlich gesehen also entbehrlich, mit ἀριθμῶν zunächst <u>allgemein</u> von Zahlen zu sprechen. εἴτε ὄγκων εἴτε δυνάμεων ὡντινωνοῦν als Apposition zu ἀριθμῶν τριῶν zu schreiben bzw. zu lesen, wäre kaum mehr als <u>Stilistik</u>, indem so (wie bei einem σχῆμα καθ᾽ ὅλον καὶ μέρος), das Allgemeine (ἀριθμοί) im vorbereitenden Sinne vorausgeschickt und dann appositionell, zum Eigentlichen kommend, das Besondere (ὄγκοι, δυνάμεις) nachgesetzt wird. Könnte Platon in diesem Sinne geschrieben haben? Möglich ist das.[20] In diesem Fall hätte Platon aber der Stilistik zuliebe unnötig „ausgeholt", und dies im ὁπόταν-ἔσται-Satz, wo Platon sonst knapp, gedrängt und auslassend formuliert hat. Dies mag, wenn auch nicht schwergewichtig, gegen die appositionelle Lesart sprechen. Fraglos aber richtet die appositionelle Lesart den Focus auf besondere Zahlen.

Ein <u>wesentlicher</u> Sachverhalt ist folgender: (1) Die durch die Apposition gemachte Einschränkung des Bereiches der Zahlen auf irgendeinen Teilbereich <u>besonderer</u> Zahlen (ὄγκοι-Bereich, δυνάμεις-Bereich) erweist sich als <u>unnötige</u> Voraussetzung in dem ὁπόταν-ἔσται-Satz, der ja in seinem Dann-Teil zu dem (paradox anmutenden) Schluss kommt, dass „alles zu demselben bzw. zu Einem wird", dass also die ἀναλογία ihre Glieder „weitestgehend zu Einem macht" (und so die schönste Verbindung zweier Entitäten bewirkt). Was (mit ziemlicher Sicherheit) <u>alleine</u> in den Beweis der Konklusion eingeht, ist die Bestimmung von Verhältnisgleichheit bei Zahlen, beschrieben durch die untereinander äquivalenten Proportionsgleichungen

---

[19] In diesem Sinne übersetzt z.B. Lee 1965: „For whenever you have three cube or square numbers with a middle term such that ..." (zitiert nach Pritchard 1990 p.183).

[20] Man denke an Appositionen wie: ἀνὴρ ῥήτωρ, ἄνδρες στρατηγοί, ἄνδρες δικασταί, ἄνδρες Ἀθηναῖοι, ἄνθρωπος ὁδίτης (siehe z.B. Bornemann/Risch 1978 p.273).

(P1) (P2) (P3) (P4). Diese sind sozusagen im ὁπόταν-Satz als Prämissen gesammelt. Möglicherweise geht (P4) nicht in den Beweis ein (wie in Interpretation 2 in § 2.3). Offenbar geht in einen Beweis des Schlusses <u>nicht</u> ein, dass die betrachteten (in Proportion stehenden) Zahlen besondere Zahlen, wie z.B. Quadratzahlen, sind. Ansonsten hätte Platon wohl zumindest kurz angedeutet, <u>wie</u> diese Voraussetzung dazu beiträgt, zur Konklusion zu kommen, allzumal Platon ja ausführlich die Prämissen (P1) – (P4) bzw. (P1) – (P3) angibt, wo eigentlich (P1) als Prämisse (der p.11 erwähnten Äquivalenzen wegen) ausreichen würde. Auch das rückverweisende οὕτως (so, dadurch) im Dann-Teil des ὁπόταν-ἔσται-Satz ist Hinweis darauf, dass die Konklusion <u>alleine</u> der Prämissen (P1) – (P4) bzw. (P1) – (P3), das heisst der Verhältnisgleichheit als Prämisse, bedarf.

Die durch die Apposition gemachte Einschränkung des Bereiches der Zahlen auf irgendeinen Teilbereich <u>besonderer</u> Zahlen ist also keine echte Voraussetzung, sie ist überflüssig und erschwert nur das Verständnis, weil man ja vergeblich danach schaut, in welcher Weise sie in das Bedingte eingeht. In diesem Sinne darf man wohl davon auszugehen, dass Platon als Voraussetzung nur anführt, was nötig ist. Die Lesart „ε ογ ε δυ App. zu αϱ" ist somit ziemlich <u>hinfällig</u>, zumindest ist sie <u>sehr in Frage gestellt</u>.

Man könnte versuchen, εἴτε ὄγκων εἴτε δυνάμεων ὡντινωνοῦν als <u>Einschub</u> (als „schwache Apposition") zu ἀριθμῶν τριῶν zu verstehen, etwa wie folgt: „Wenn von drei Zahlen, seien es <u>beispielsweise</u> irgendwelche ὄγκοι oder δυνάμεις, die Mitte ist …", obwohl kein Beispielsindikator wie οἷον, οἷα oder ähnlich gegeben ist. Dann wäre zwar εἴτε ὄγκων εἴτε δυνάμεων ὡντινωνοῦν von dem Anschein, dass besondere Zahlen für die Voraussetzung wesentlich sind, befreit, aber es stellte sich die wohl kaum befriedigend beantwortbare Frage: Wozu besondere Zahlen als Beispiele, wenn sie parenthetisch angeführt nicht in den ὁπόταν-ἔσται-Satz Eingang finden, also nichts dazu beitragen können, worum sich der ὁπόταν-ἔσται-Satz bemüht, nämlich die ἀναλογία als die schönste Verbindung zweier Entitäten zu erweisen?[21]

---

[21] Nimmt man an, die ὄγκοι sind Kubik- und die δυνάμεις Quadratzahlen (wie man zu dieser Annahme kommen kann, siehe gleich) und das Syntagma εἴτε ὄγκων εἴτε δυνάμεων ὡντινωνοῦν sei parenthetisch als Anführung von Beispielen zu verstehen, so wären von Platon solche Kubikzahl- bzw. Quadratzahltripel x^n, y^n, z^n (n = 3, 2) in Betrachtung genommen, wo $x^n - y^n - z^n$. Die mittlere Proportionale y^n ist hier also von gleicher Art (Kubikzahl bzw. Quadratzahl) wie x^n und z^n. Wollte Platon gewissermaßen „nebenbei" diese Fälle als „schöne"

Neben der Tatsache, dass die Appositionslesart formal gesehen wohl die naheliegendste ist, haben – infolge dessen, dass sie dazu „zwingt", mit den ὄγκοι und δυνάμεις Zahlarten zu sehen – vor allem <u>zwei Umstände</u> diese begünstigt:[22] Zum einen die <u>Ansicht</u>, dass (2) in der Mathematik zu Platons Zeit δύναμις im Regelfall die Bedeutung Quadrat (ohne Einschränkung auf bestimmte Quadrate, oder manchmal die Bedeutung Quadratwurzel) hat,[23] und (3) demzufolge δύναμις in 32a die Bedeutung Quadrat<u>zahl</u> und (4) in Konsequenz ὄγκος in 31c die Bedeutung Kubikzahl hat. Zum anderen die leicht einsichtige Tatsache, dass es zwischen zwei Quadratzahlen immer eine mittlere Proportionale gibt.[24]

Zu (2): Besagte Ansicht beruht im wesentlichen auf zwei Bemerkungen, die ca. 5-600 Jahre nach Platons Zeit gemacht wurden. In einem anonymen Kommentar zu Platons Theaitetos heißt es: οἱ παλαιοὶ τὰ τετράγωνα δυνάμεις ὠνόμαζον (die Alten bezeichneten die Quadrate als δυνάμεις).[25] Und Alexander von Aphrodiasis bemerkt: τὰ γὰρ τετράγωνα δυνάμεις καλοῦσιν (denn die Quadrate bezeichnete man als δυνάμεις).[26]

Schaut man sich aber, aber neben Timaios 32a, die nur vier Passagen im Corpus platonicum an, wo δύναμις mathematische Bedeutung, zeigt sich zwar, dass δύναμις mit Quadrat zu tun hat, aber keineswegs die Bedeutung Quadrat feststeht.[27] In

---

Beispiele anführen, vielleicht sogar auf die allgemeine Tatsache $x^n - y^n - z^n$, wenn und nur wenn $x - y - z$ hinweisen? Mir scheint das sehr unwahrscheinlich zu sein.

[22] Dabei ist anzunehmen, dass die oben unter (1) dargestellte Möglichkeit, die Appositionslesart in Frage zu stellen, nicht gesehen (oder als zuwenig gewichtig angesehen) wurde.

[23] Archer-Hind (1888 reprint p.97): „δύναμις is the technical term for a square, or sometimes a square root; cf. Theaetetus 148A;" Heath (1925, reprint Vol.2 p.294 n.1): „Now the regular meaning of δύναμις is *square* (or sometimes *square root*) ... ."

[24] (A) Diese ist in geeigneten Fällen wiederum Quadratzahl ist, sonst aber <u>nicht</u>. (B) Zwischen zwei Kubikzahlen gibt es <u>nicht</u> immer eine mittlere Proportionale, aber in geeigneten Fällen. So gibt es Kubikzahlen mit einer Kubikzahl als mittlerer Proportionale (Frage hierzu ist: gibt es Kubikzahlen mit einer Nichtkubikzahl als mittlerer Proportionale?). Zu jeweils geeigneten Fällen siehe n.21 Fragesatz.

[25] Diels/Schubart 1905 p.19

[26] Zitiert nach Szabó 1986 p.343.

[27] Die vier δύναμις-Stellen in chronologischer Ordnung: Staat 587d, Theaitetos 147d-8d, Politikos 266a-b, Timaios 54b.

Dreimal findet man in diesen Stellen die Wendung κατὰ δύναμιν (Staat, Politikos, Timaios), einmal die gleichbedeutende Wendung δυνάμει (Politikos). Letztere findet sich überaus häufig in den EE (X. Buch) und wird oft mit „dem Quadrat nach" übersetzt; dazu ist zu sagen, dass δυνάμει zwar im Zusammenhang mit Quadrieren steht (von einer Strecke wird gesagt, dass sie eine vorgegebene Fläche quadriert, wenn ihr Quadrat

zwei Stellen (Theaitetos 147d-8d, Politikos 266a-b) mag es am ehesten <u>scheinen</u>, dass δύναμις die Bedeutung Quadrat hat. In der Theaitetos-Stelle sind aber für verschiedene (namhafte) Autoren und auch m.E. mit δυνάμεις die Seiten der Quadrate, deren Flächeninhalt eine Nichtquadratzahl ist, gemeint, und in der Politikos-Stelle mit δύναμις (im Genetiv) die Seite des Quadrates mit dem Flächeninhalt 2.[28]

Die Ansicht, dass bei Platon δύναμις die Bedeutung Quadrat hat, ist also keineswegs gesichert. Im Gegenteil: sie ist sehr fragwürdig, m.E. sogar unhaltbar.

Zu (3): δύναμις ist ein rein geometrischer Term. δύναμις in der Bedeutung Quadrat<u>zahl</u> ist nirgends zu finden, auch nicht bei späteren wie Diophantos.[29]

Zu (4): Durchmustert man alle Vorkommnisse von ὄγκος im Corpus platonicum,[30] kann man <u>nirgends</u> finden, dass mit ὄγκος Kubus oder Kubikzahl gemeint ist.

Geht man trotz aller bisher aufgezeigten „Hindernisse" <u>dennoch</u> davon aus, dass in 31c-2a ὄγκος die Bedeutung Kubikzahl und δύναμις die Bedeutung Quadratzahl hat, hat man es noch mit folgenden „Ungereimtheiten" (Problempunkten) zu tun:

(5) Platon würde in 31c ὄγκος in der Bedeutung von Kubikzahl gebrauchen, wo doch im Corpus platonicum nirgendwo sonst ὄγκος in der Bedeutung von Kubus oder Kubikzahl vorkommt und sehr wahrscheinlich nicht erst zu Euklids, <u>sondern</u> schon zu Platons Zeit für Kubikzahl die Bezeichnung κύβος ἀριθμός gebräuchlich war, bzw. in 32a δύναμις in der Bedeutung von Quadratzahl gebrauchen, wo doch sonst nirgendwo im Corpus platonicum δύναμις in der Bedeutung von Quadratzahl zu finden ist <u>und</u> die Bezeichnung τετράγωνος ἀριθμός für Quadratzahl höchst wahrscheinlich schon zu Platons Zeit gebräuchlich war?[31]

(6) Die Reihenfolge ὄγκος – δύναμις wäre befremdlich, da ja die Verhältnisse bei den Quadratzahlen die einfacheren, grundlegenderen sind als bei den Kubikzahlen (vgl. die Behandlung der Quadrat- und Kubikzahlen im Buch VIII der EE).

---

so groß wie die Fläche ist), aber wohl nicht die Bedeutung Quadrat hat. Sonst findet sich noch δυνάμεις als Nominativ (Theaitetos 1mal), δυνάμεως (Theaitetos 1mal, Politikos 1mal), δυνάμεων (Theaitetos 2mal) und δυνάμεις als Akkusativ (Theaitetos 1mal).

[28] Siehe Georgi 2023 p.30 mit n.52, p.34.

[29] Siehe Pritchard 1990 p.187: "The failure to find adequate parallels for the use of δύναμις to mean *square arithmos* directs us back …" p.186-7: zu Diophantos.

[30] Mit Hilfe von Brandwood 1976 (A Word Index to Plato).

[31] Platon spricht nur einmal von Quadratzahl, in Theaitetos 147e. Dort wird die Zahl, die als Produkt zweier gleicher Faktoren darstellbar ist, mit dem Quadrat (τετράγωνον) verglichen und als τετράγωνος τε καὶ ἰσόπλευρος ἀριθμός bezeichnet.

Zur Deutlichkeit sei kurz resümiert. Problematisch ist: (1) Mit der Lesart von εἴτε ὄγκων εἴτε δυνάμεων ὡντινωνοῦν als Apposition zu ἀριθμῶν τριῶν wird eine überflüssige, irreführende Voraussetzung gemacht. (2) δύναμις bedeutet im allgemeinen Quadrat. (3) δύναμις bedeutet in Konsequenz in 32a Quadrat<u>zahl</u>. (4) ὄγκος bedeutet in Konsequenz in 31c Kubikzahl. (5) δύναμις anstelle von τετράγωνος ἀριθμός, ὄγκος anstelle von κύβος ἀριθμός. (6) die Reihenfolge ὄγκος – δύναμις.

Als Fazit lässt sich sagen: Die Appositionslesart birgt einige Probleme, zum Teil gravierende. Sie ist eigentlich nicht haltbar, zumindest äußerst unbefriedigend.

§ 3.3 Zur Lesart „ε ογ ε δυ με ist Appos. zu αρ με"

- „Wenn nämlich von drei Zahlen die mittlere, ob von irgendwelchen zwei Kubikzahlen oder von irgendwelchen zwei Quadratzahlen die mittlere, ist ..."
- Hier ist εἴτε ὄγκων εἴτε δυνάμεων ὡντινωνοῦν τὸ μέσον Apposition zu ἀριθμῶν τριῶν τὸ μέσον.

Sie will Cornfords Lesart syntaktisch einordnen. Sie lautet:
„For whenever, of three numbers, the middle one between any two that are either solids (cubes?) or squares ..."[32]
Man beachte hier, dass es zwar zwischen zwei Quadratzahlen immer eine mittlere Proportionale gibt (die in geeigneten Fällen wiederum Quadratzahl ist), aber zwischen zwei Kubikzahlen zumeist keine; vgl. n.24.

Cornford sieht εἴτε ὄγκων εἴτε δυνάμεων ὡντινωνοῦν als Genetivattribut zu τὸ μέσον, lässt aber (für mein Verständnis) unklar, wie ἀριθμῶν τριῶν syntaktisch aufzufassen ist. Ich vermute, Cornfords parenthetischer (zwischen Kommata gesetzter) Genetiv "of three numbers" ist kein isolierter Genetiv etwa im Sinne eines „Genetivs der Hinsicht",[33] den man übersetzen könnte mit „in Hinsicht auf drei Zahlen" oder „bei drei Zahlen", sondern ἀριθμῶν τριῶν ist letztlich auch bei Cornford (auch wenn vermutlich von ihm explizit nicht so gedacht) ein abhängiger Genetiv, nämlich Genetivattribut zu τὸ μέσον – wobei man ἀριθμῶν τριῶν τὸ

---

[32] Cornford 1937 reprint p.44

[33] Falls es einen solchen überhaupt gibt. Man kann zwar in einer Grammatik, z.B. in Bornemann/Risch 1978, p. 188-9, den Begriff Genetivus respectus finden, dieser hat aber kaum die Funktion eines Accusativus oder Dativus respectus.

μέσον so verstehen könnte, dass hiermit darauf hingewiesen wird, dass die Zahlen einen Größenbereich mit Anordnung bilden und es demzufolge bei drei Zahlen eine mittlere gibt. Es würde dann also, expliziert (modifiziert) man Cornfords Lesart gemäß oben gemachter Vermutung zur Lesart „ε ογ ε δυ με ist Appos. zu αρ με", in Übersetzung heißen: „Wenn nämlich von drei Zahlen die mittlere, ob von irgendwelchen zwei Kubikzahlen oder von irgendwelchen zwei Quadratzahlen die mittlere, ist …" Zu beachten hierbei ist, dass erst von der mittleren von <u>drei</u> Zahlen die Rede ist, dann von der mittleren von <u>zwei</u> Zahlen.

Ansonsten gilt das zur Lesart „ε ογ ε δυ ist Appos. zu αρ" Gesagte (§ 3.2) auch für die Lesart „ε ογ ε δυ με ist Appos. zu αρ με". Sie ist also kaum sinnhafter bzw. aufschlussreicher als die erstgenannte.

§ 3.4 Zur Lesart „ε αρ ε ογ ε δυ ist Gen.attr. zu με"

- „Wenn nämlich, ob von irgendwelchen drei Zahlen, ob von irgendwelchen drei ὄγκοι, ob von irgendwelchen drei δυνάμεις die Mitte ist …"
- ἀριθμῶν, ὄγκων, δυνάμεων sind alternative Glieder eines Genetivattributes zu τὸ μέσον.

Lesart „ε αρ ε ογ ε δυ ist Gen.attr. zu με" kann schon syntaktisch gesehen Bedenken aufwerfen. Syntaktisch mögen die folgenden zwei Umstände eher gegen die alternative Auffassung der ἀριθμοί, δυνάμεις und ὄγκοι sprechen: (1) Als dreigliedrige Alternative „müsste" auch vor ἀριθμῶν τριῶν die Partikel εἴτε stehen. Eine dreigliedrige Alternative ohne einleitendes εἴτε habe ich im Corpus platonicum bisher nicht gefunden; man müsste (äußerst mühsam) alle εἴτε-Vorkommnisse durchmustern. Es gibt aber Beispiele von zweigliedrigen Alternativen ohne einleitendes εἴτε an, sodass es nicht unmöglich scheint, dass Platon auch eine dreigliedrige Alternative ohne einleitendes εἴτε schreibt.[34] (2) Ungewöhnlich ist wohl bei der jetzt betrach-

---

[34] Taylor (1928 p.99) gibt zwei Beispiele von zweigliedrigen Alternativen ohne einleitendes εἴτε an (Sophistes 217e, 224e). Er meint zum fehlenden einleitenden εἴτε: „The effect of the suppression is to throw special stress on the *first* alternative as that which is chiefly contemplated, …"

In Timaios 56d ist sowohl ein Beispiel für eine dreigliedrige εἴτε-Alternative <u>mit</u> einleitendem εἴτε als auch ein Beispiel für eine zweigliedrige <u>ohne</u> einleitendes εἴτε gegeben: (1) εἴτ᾽ ἐν αὐτῷ πυρὶ λυθεῖσα εἴτ᾽ ἐν ἀέρος εἴτ᾽ ἐν ὕδατος ὄγκῳ τύχοι „ob sie (sc. die Erde) nun im Feuer selbst aufgelöst wird, oder in einer Masse von Feuer, oder in einer Masse von Wasser" (2) ὕδωρ δὲ ὑπὸ πυρὸς μερισθέν, εἴτε καὶ ὑπ᾽ ἀέρος, ἐγχωρεῖ „das Wasser aber, ob von Feuer zerteilt, oder von Luft, lässt es zu".

teten Lesart, dass zum einen τριῶν nicht nur auf das unmittelbar vorangehende ἀριθμῶν, sondern auch auf das <u>nachstehende</u> ὄγκων und δυνάμεων bezogen sein soll und dass zum anderen ὡντινωνοῦν nicht nur auf das unmittelbar vorangehende δυνάμεων, sondern auch auf das weiter entfernt vorangehende (ὄγκων und) ἀριθμῶν bezogen sein soll, so dass expliziert zu lesen wäre: ὁπόταν γὰρ ἀριθμῶν τριῶν ὡντινωνοῦν εἴτε ὄγκων τριῶν ὡντινωνοῦν εἴτε δυνάμεων τριῶν ὡντινων-οῦν (wenn nämlich, ob von irgendwelchen drei Zahlen, ob von irgendwelchen drei ὄγκοι, ob von irgendwelchen drei δυνάμεις). Fehlendes εἴτε vor ἀριθμῶν scheint wiegesagt nicht unmöglich, aber wohl eher unwahrscheinlich zu sein. Sachverhalt (2) scheint mir noch weniger wahrscheinlich zu sein. Und die Kombination von beiden scheint mir die Unwahrscheinlichkeit noch zu steigern.

Lässt man die syntaktischen Bedenken beiseite, stellt sich die Frage, welche Entitäten bei der Lesart „ε αρ ε ογ ε δυ ist Gen.attr. zu με" mit den ὄγκοι bzw. δυνάμεις gemeint sein können. Diese sollen als Alternativen zu den ἀριθμοί ebenfalls Entitäten sein, bei denen es eine mittlere Proportionale gibt, zumindest – wie bei Zahlen – im geeigneten Fall. Welche Entitäten kommen da für die ὄγκοι bzw. δυνάμεις in Frage?

Das Nächstliegende ist wohl, an die Geometrie zu denken. Man weiß: Nicht nur im Bereich der Zahlen, sondern auch in der Geometrie, in der ebenen, aber auch in der räumlichen, gibt es die mittlere Proportionale (das geometrische Mittel).[35] So gibt es beispielsweise stets zwischen zwei Strecken, zwei Quadraten und zwei Kuben eine mittlere Proportionale, wobei die mittlere Proportionale zweier Quadrate bzw. Kuben wieder als Quadrat bzw. Kubus darstellbar ist.[36]

   Die Frage wäre nun, wozu neben dem Zahlenbereich zwei Bereiche geometrischer Größen, wo es ebenfalls die mittlere Proportionale gibt, angeführt werden. Eine sol-

---

[35] Wobei die mittlere Proportionale geometrischer Größen (siehe EE Buch V Def.8) anders definiert ist als die in der Arithmetik, wenngleich die Bestimmung der ersteren die der letzteren (siehe EE Buch VIII Satz 11) als Sonderfall beinhaltet.

[36] Die Beispiele Quadrate und Kuben sind gewählt, um <u>versuchsweise</u> (gemäß der Ansicht, dass die „Alten" Quadrate als δυνάμεις bezeichnet haben) mit δυνάμεις Quadrate und mit ὄγκοι Kuben bezeichnet zu sehen. Dabei wäre aber gleich zu bedenken: die Reihenfolge ὄγκος - δύναμις scheint befremdlich, da ja Sachverhalte bei Quadraten in der Regel wohl elementarer sind als die bei Kuben. So ist z.B. der Beweis, dass die mittlere Proportionale zweier Quadrate als Quadrat darstellbar ist, einsichtiger und elementarer als der entsprechende für Kuben. Auch der Beweis für Kuben – falls die Mathematikoi zu Platons Zeit tatsächlich versucht haben sollten, zu beweisen, dass es eine mittlere Proportionale zu zwei Kuben gibt und diese als Kubus darstellbar ist – lässt sich wohl mit Hilfe einer Größenlehre im Sinne von Buch V und VI der EE führen; diese Bücher gehen wahrscheinlich auf Eudoxos zurück, einem jüngeren Zeitgenossen Platons und Mitglied dessen Akadamie.

che Anführung könnte in zweierlei Hinsicht erfolgen: Zum einen, um zu verdeutlichen, dass die vereinheitlichende Weise der ἀναλογία mit einer mittleren Proportionalen, womit sie dann die schönste Verbindung zweier Entitäten darstellt, gänzlich unabhängig von den Besonderheiten der in Proportion stehenden (arithmetischen bzw. geometrischen) Entitäten ist (vgl. hierzu Punkt (1) in § 3.2, p. 18-9). Zum anderen, um als Beispiele neben dem elementaren Bereich der Zahlen weitere Größenbereiche anzugeben, wo es die mittlere Proportionale gibt – zumal beispielsweise Strecken, Quadrate und Kuben „schöne" Größenbereiche mit mittlerer Proportionale sind, in dem Sinne, dass es im Gegensatz zum Zahlenbereich stets zu zwei beliebigen Größen eine Größe gleicher Art als mittlere Proportionale gibt.

Die Annahme, dass mit den ὄγκοι und δυνάμεις Bereiche geometrischer Größen gemeint sind, ist aber kaum haltbar. Denn ὄγκος kommt im Corpus platonicum ausserhalb von Timaios 31c-2a schon gar nicht in geometrischer Bedeutung vor. Und es ist mehr als fraglich, dass – entgegen der Ansicht, die „Alten" hätten Quadrate als δυνάμεις bezeichnet – δύναμις bei Platon die Bedeutung Quadrat hat; zwei Stellen sprechen vielmehr sehr dafür, dass mit δυνάμεις bei Platon die Seiten der Quadrate mit dem Flächeninhalt von Nichtquadratzahlen gemeint sind.[37]

Ist ein weiterer Entitätenbereich als der der Zahlen bzw. der geometrischen Größen möglich, bei dem es die mittlere Proportionale gibt? Einige (zumindest) sind der Ansicht, dass bei der Lesart „ε αρ ε ογ ε δυ Gen. zu με" mit den ὄγκοι Massen (Körper, Materie) und mit den δυνάμεις Kräfte, also physikalische Größen gemeint sind.[38] Diese Ansicht ist in Hinsicht darauf, dass physikalische Größen als Entitäten

---

[37] Vgl. das zu ὄγκος und δύναμις Gesagte mit dem in § 3.2 zu den Punkten (4) und (2) Gesagten.

[38] So z.B. Souilhé 1919 p.124, Pritchard 1990 (siehe unten). Schon Proklos ist der Ansicht, dass ὄγκος und δύναμις in Timaois 31c-2a physikalisch zu verstehen sind; siehe Pritchard p.187-8. So auch Campanus (15. Jahrhundert), der in ὄγκος pondus (Masse) und in δύναμις potentia (Kraft) sieht; siehe Pritchard p.192.

Pritchards Argumentationsgang sei kurz referiert: Er erörtert die ersten drei Lesarten (siehe § 3.1). Die ersten beiden verwirft er, da sie verlangen, dass δύναμις die Bedeutung Quadratzahl hat, dafür aber keine Belegstelle sonstwo, auch nicht bei späteren wie Diophantos, zu finden ist. So plädiert er für Lesart „ε αρ ε ογ ε δυ ist Gen.attr. zu με" und meint, δύναμις und ὄγκος müssten keine mathematische Bedeutung haben, verlangt sei einzig, dass mit beiden Termen Größen gemeint sind, die in stetiger Proportion stehen können, wie beispielsweise Zeit- und Streckenabschnitte und Gewichte. In Aristoteles' Physik findet er eine Stelle, 204b14-9, die von δυνάμεις in diesem Sinne handelt. Dort werden als δυνάμεις bezeichnete physikalische Kräfte, z.B. die Kraft des Feuers und der Luft, größenmäßig miteinander verglichen. Er meint, dass δύναμις in der Bedeutung „physikalische Kraft" am häufigsten im Timaios vorkommt (wobei er drei Stellen angibt). Für ὄγκος nimmt Pritchard die gewöhnliche Bedeutung vor Masse an. Dazu gibt er zwei Stellen an. In der einen (Theaitetos 155a) ist vom Größer- und Kleinerwerden hinsichtlich Masse (ὄγκῳ) bzw. Zahl die Rede, in der anderen (Nikoma-

gesehen werden, wo es die mittlere Proportionale gibt, <u>streng genommen nicht haltbar</u>, auf jeden Fall <u>problematisch</u>. Denn mit der Arithmetik bzw. Geometrie ist man im Bereich der νοητά, im Bereich unveränderlicher Entitäten. Mit physikalischen „Entitäten" ist man aber im Bereich der δόξα, in der Welt der, zumindest prinzipiell gesehen, beständigen Veränderung, wo die Dinge entstehen und vergehen, im Fluss sind (zerfließen, zusamenfließen) und ähnlich, sodass es hier eine mittlere Proportionale (und andere arithmetische oder geometrische Beziehungen) – streng genommen – nicht geben kann.

Lesart „ε αρ ε ογ ε δυ ist Gen.attr. zu με" ist also bei Auffassung der ὄγκοι bzw. der δυνάμεις als geometrischer Entitäten kaum und bei Auffassung als physikalischer Entitäten mit wohl kaum mehr Wahrscheinlichkeit zutreffend. Siehe ergänzend den Rekurs am Ende von § 3.5 auf die hier erörterte Lesart.

§ 3.5 Zur Lesart „ε ογ ε δυ ist Gen.attr. zu αρ"

- „Wenn nämlich von drei Zahlen, ob von irgendwelchen Massen, ob von irgendwelchen Kräften, die mittlere ist …"
- εἴτε ὄγκων εἴτε δυνάμεων ὡντινωνοῦν ist Genetivattribut zu ἀριθμῶν τριῶν.

Zunächst: Ich teile die in § 3.4 schon angeführte Ansicht, dass mit den ὄγκοι Massen (Körper, Materie) und mit den δυνάμεις Kräfte, also physikalische Größen gemeint sind.

ὄγκοι und δυνάμεις spielen als physikalische Begriffe eine <u>wesentliche</u> Rolle im Timaios.[39] Das alleine schon kann nahe legen, die ὄγκοι und δυνάμεις in εἴτε ὄγκων

---

chische Ethik 1178a1) davon, dass etwas hinsichtlich Masse (ὄγκῳ) klein ist, aber hinsichtlich Kraft (δυνάμει) und Wert alles andere weit übertrifft. Auf Timaois-Stellen von ὄγκος geht Pritchard nicht ein.

[39] ὄγκος kommt im Timaois 13mal vor. Von unserer Stelle 31b-2a abgesehen, 12mal eindeutig in physikalischer Bedeutung. Die 13 Stellen: 31c 54d 56c 56d 58e 59a 60c 60e 61b 62c 81b 83d 83e.

δύναμις kommt im Timaois 48mal vor. Die Vorkommnisse seien hinsichtlich ihrer Bedeutung in fünf Gruppen eingeteilt. (1) als umgangssprachliche Wendung: „nach Möglichkeit", „nach Kräften" – 9 Vorkommnisse. (2) im Sinne von politischer bzw. militärischer Macht – 4 Vorkommnisse. (3) in mathematischer Bedeutung – 1 Vorkommnis. (4) in der Bedeutung physikalischer Kraft – 12 Vorkommnisse. (5) im übertragenen Sinne von Kraft: Vermögen, Fähigkeit, Eigenschaft, Beschaffenheit, Wesen – 22 Vorkommnisse.

Die Stellen im einzelnen: (1) 17b 18d 26d 30a 37d 38c 42e 71d 89d. (2) 24e 25a 25b 25b. (3) 54b. (4) 28a? 32a 32c 33a 38d 45e 52e 56c 64c 74a 76a? 89c. (5) 41c 46e 48d 49a 50b? 60a 60b 63b 64b 65e 66a 66d 71b 71e 74d 74d 75d 82e 83c 83e 85d 85e.

εἴτε δυνάμεων ὡντινωνοῦν nicht als mathematische Begriffe zu sehen, sondern als physikalische. In diesem Sinne ist dann auch die Reihenfolge ὄγκοι - δυνάμεις gut zu verstehen: das Primäre sind die Körper (Massen), das Sekundäre die ihnen „innewohnenden" bzw. mit ihnen assoziierten Kräfte (deren Wirkung nur an den Körpern „ablesbar" ist).[40]

Sieht man die Genetive εἴτε ὄγκων εἴτε δυνάμεων von ἀριθμῶν τριῶν abhängig, so hat man eine zahlenmäßige Fassung (Quantifizierung, Messung) physikalischer Größen, mit anderen Worten: Maßzahlen physikalischer Größen,[41] vorliegen. Die „drei Zahlen von irgendwelchen Massen bzw. Kräften" sind „angewandte" Zahlen, ἀριθμοὶ αἰσθητοί (Sinneszahlen), wie sie von Aristoteles bezeichnet werden. Platon unterscheidet ja die reinen Zahlen (die Zahlen an sich) von den körperlichen Zahlen bzw. den Dingen, die Zahl haben.[42]

Das Genetivattribut εἴτε ὄγκων εἴτε δυνάμεων ὡντινωνοῦν ist parenthetisch zu verstehen, als <u>Zusatz</u> im folgendem Sinne: Einerseits trägt es zur anstehenden Sacherklärung (nämlich warum, in welcher Weise die ἀναλογία die schönste Verbindung zweier Entitäten bewirkt) <u>nichts</u> bei, andererseits bereitet es das Verständnis der kurz darauf folgenden Passage in 32b vor, wo es heißt, dass Gott zwischen Feuer und Erde die beiden vermittelnden Elemente Wasser und Luft in der Weise setzt, dass diese sich zueinander möglichst proportional verhalten in dem Sinne: was Feuer zu Luft ist, das ist Luft zu Wasser, und was Luft zu Wasser ist, das ist Wasser zu Erde. Dabei ist wohl an die <u>Massen</u> bzw. <u>Kräfte</u> der Elemente Feuer, Luft, Wasser und Erde gedacht, genauer: an die Maßzahlen (an das Wieviel) dieser Massen und

---

[40] δύναμις-Stellen in diesem Sinne (alle aus der Gruppe (4) der vorigen Fußnote) sind: 32c: keinen Teil von etwas (sc. von Feuer, Luft, Wasser, Erde), auch keine Kraft außerhalb zurücklassend. 33a: Warmes und Kaltes und alles, was eine starke Kraft hat. 45e: sperren sie ein die Kraft des Feuers innen. 52e: wegen des weder von gleichartigen noch von ungleichartigen Kräften Angefülltwerdens (zuvor wird davon gesprochen, dass die Amme des Werdens die vier Elemente aufnimmt). 56c: die Sache mit den Proportionen sowohl bei ihren Mengen als auch Bewegungen als auch anderen Kräften. 64c: vom Feuer und der Luft die Kraft.

Das „Innewohnen" einer Kraft ist besonders faszinierend beim „anziehenden" Magnetstein (vgl. Ion 533d-e) und Bernstein (ἤλεκτρον) gegeben (letzterer zieht z.B. Stofflusen an, wenn man ihn mit einem Tuch reibt), die beide den Griechen anscheinend schon früh bekannt waren.

[41] Durchaus im Sinne der heutigen Physik, wo z.B. von soundsoviel Kilogramm (Masse) oder Kilopond (Kraft) die Rede ist.

[42] Staat 525d: σώματα ἔχοντας ἀριθμοὺς, Theaitetos 198c: ὅσα ἔχει ἀριθμόν.

Kräfte, die (sc. die Maßzahlen) jeweils eine stetige Proportion mit zwei mittleren Proportionalen bilden.[43]

Zur Lesart „ε ογ ε δυ Gen. zu αϱ" lassen sich auch einige Textreferenzen anführen, welche sie stützen:

(1) Das Syntagma εἴτε ὄγκων εἴτε δυνάμεων ὠντινωνοῦν in der Weise verstanden, dass es Genetivattribut zu ἀριθμῶν τριῶν ist, hat eine <u>bemerkenswerte</u> Parallele in Theaitetos 210a, wo es heißt: μετὰ ἐπιστήμης διαφορότητος und kurz darauf μετ᾽ ἐπιστήμης εἴτε διαφορότητος εἴτε ὁτουνοῦν, in Übersetzung: „mit der Erkenntnis, gleichviel, ob vom Unterschied oder von was auch immer".[44] Das Parallele der Stellen in Verdeutlichung:

ἀριθμῶν τριῶν	εἴτε ὄγκων	εἴτε δυνάμεων	ὠντινωνοῦν
ἐπιστήμης	εἴτε διαφορότητος	εἴτε	ὁτουνοῦν

(2) Bei ἀριθμός findet sich <u>häufig</u> ein davon abhängiger Genetiv, z.B. ἀριθμὸς ὁδοῦ, χρόνου, στρατοπέδου – wie er auch im Timaios zu finden ist: 24e ἐτῶν ἀριθμός, 38c ἀριθμῶν χρόνου, 39d ἀριθμὸς χρόνου, 54d εἷς ἀριθμὸς ἑνὸς ὄγκου. Zwei dieser Timaois-Stellen seien hervorgehoben: ἀριθμῶν χρόνου (Zahlen der Zeit) und <u>εἷς ἀριθμὸς ἑνὸς ὄγκου</u> (eine Zahl einer Masse). Beide Stellen, <u>insbesondere die zweite</u>, bestärken es, εἴτε ὄγκων εἴτε δυνάμεων ὠντινωνοῦν als Genetivattribut zu ἀριθμῶν τριῶν zu sehen. Die erste Stelle zeigt einfach, dass ἀριθμός <u>im Genetiv</u> mit einem Genetivattribut nicht nur formal möglich ist, sondern auch tatsächlich vorkommt, was die Möglichkeit der Lesart von ὄγκων und δυνάμεων als Genetivattribut zu ἀριθμῶν unterstützt, während die zweite Stelle eine <u>inhaltliche Bestäti</u>-

---

[43] <u>Massen</u> sind dabei (makroskopische) Aggregate (Ansammlungen) von Elementarkörpern, von denen es vier Arten gibt: Tetraeder (Feuer), Oktaeder (Luft), Isokaeder (Wasser), Kubus (Erde). Siehe hierzu 56b-c: Es ist nötig nun, alle diese (sc. die Elementarkörper) so klein zu denken, dass zwar in Hinsicht auf einen jeden von jeder Art wegen seiner Kleinheit keiner gesehen wird von uns, aber wenn sich viele versammelt haben, die Massen (ὄγκοι) von ihnen gesehen werden können. Ähnlich 83d.

Die Elementarkörper und Kräfte wurden wohl als die beiden Grundgegebenheiten allen Weltgeschehens (im physikalischen Sinne) angesehen – was wohl vergleichbar ist mit der modernen Physik, wo man als Grundgegebenheiten Materie und vier Elementarkräfte kennt (Schwerkraft, elektromagnetische Kraft, starke und schwache Kernkraft).

Die stetige Proportion mit <u>zwei</u> mittleren Proportionalen basiert definitorisch auf der stetigen Proportion mit nur einer mittleren Proportionalen ($w - x - y - z$ ergibt sich aus $w - x - y$ und $x - y - z$ mit „überlappendem" x und y. Deswegen wird im Timaios zuvor, bei der Einführung der ἀναλογία (31c-2a), nur letztere thematisiert.

[44] Etwas mehr Kontext: „Und es ist doch überaus töricht zu sagen, Erkenntnis ist richtige Meinung verbunden mit der Erkenntnis, gleichviel, ob vom Unterschied (unterscheidenden Merkmal) oder von was auch immer."

<u>gung</u> dafür ist, ὄγκων und dann auch δυνάμεων als Genetivattribut zu ἀριθμῶν zu lesen.

(3) Die folgende Passage in 56b-c ist ebenfalls eine gewichtige Unterstützung der Lesart „ε ογ ε δυ ist Gen.attr. zu αρ".

πάντα οὖν δὴ ταῦτα δεῖ διανοεῖσθαι σμικρὰ οὕτως, ὡς καθ᾽ ἓν ἕκαστον μὲν τοῦ γένους ἑκάστου διὰ σμικρότητα οὐδὲν ὁρώμενον ὑφ᾽ ἡμῶν, συναθροισθέντων δὲ πολλῶν τοὺς ὄγκους αὐτῶν ὁρᾶσθαι· καὶ δὴ καὶ τὸ τῶν ἀναλογιῶν περί τε τὰ πλήθη καὶ τὰς κινήσεις καὶ τὰς ἄλλας δυνάμεις ... τὸν θεόν ... δι᾽ ἀκριβείας ἀποτελεσθεισῶν ὑπ᾽ αὐτοῦ συνηρμόσθαι ταῦτα ἀνὰ λόγον.

Übersetzung: Es ist nötig nun, alle diese[1] so klein zu denken, dass zwar in Hinsicht auf einen jeden von jeder Art[2] wegen seiner Kleinheit keiner gesehen wird von uns, aber, wenn sich viele versammelt haben, die Massen von ihnen gesehen werden können; und besonders bei der Angelegenheit der zahlenmäßigen Verhältnisse (Verhältnisgleichheiten)[3] sowohl bei ihren Massen[4] als auch ihren Bewegungen als auch ihren anderen Kräften <ist es nötig zu denken>, dass Gott ..., nachdem sie[5] mit Sorgfalt von ihm geschaffen worden sind, diese[6] [7]gemäß zahlenmäßigem Verhältnis (Verhältnisgleichheit) in Verbindung gebracht hat[7].

Erläuterungen zur Übersetzung:

1: sc. die Elementarkörper: Tetraeder (Feuer), Oktaeder (Luft), Ikosaeder (Wasser), Kubus (Erde).

2: die Arten von Elementarkörpern.

3: hier wird vermutlich auf die ἀναλογία-Thematik in 31b-2c Bezug genommen.

4: πλήθη hier Synonym für die ὄγκοι = (sichtbare) Massen von Elementarkörpern, siehe 57c: τοῦ γένους ἑκάστου τὰ πλήθη die Massen jeder einzelnen Art; konkretisiert ist die Art in: 60e: γῆς ὄγκους, 60c: τῷ τῆς γῆς ὄγκῳ, 56d: εἴτ᾽ἐν ἀέρος εἴτ᾽ ἐν ὕδατος ὄγκῳ; diese vier Stellen zeigen klar: πλήθη = ὄγκοι.

5: sc. die Mengen, Bewegungen und anderen Kräfte; „sie" entspricht einem αὐτῶν, das zu ἀποτελεσθεισῶν zu ergänzen ist, um einen vollständigen Genetivus absolutus zu erhalten; dieses αὐτῶν ergibt sich aus dem nachfolgenden ταῦτα (und ist insofern entbehrlich).[45]

---

[45] Vgl.: ἐκ τούτου θᾶττον προιόντων (sc. αὐτῶν) ἀπὸ τοῦ αὐτομάτου δρόμος ἐγένετο τοῖς στρατιώταις. Als sie darauf schneller vorangingen, kamen die Soldaten von selbst ins Laufen (Anabasis 1, 2, 17; siehe Bornemann/

6: sc. die Mengen, Bewegungen und anderen Kräfte.

7: für ἀνὰ λόγον im Sinne von stetiger Proportion spricht (a) 53e: τὰ ἀνὰ λόγον ἐν μέσῳ, (b) 32b: ἀνὰ τὸν αὐτὸν λόγον als expliziter Ausdruck für ἀνὰ λόγον (vgl. Phaidon 100d, wo beide Ausdrücke gleichbedeutend vorkommen) im Zusammenhang damit, dass räumliche Dinge (στερεά) immer durch zwei mittlere Proportionale zusammengefügt sind, (c) 32c: δι᾽ ἀναλογίας, welches das ἀνὰ τὸν αὐτὸν λόγον von 32b aufgreift. [46]

Besondere Aufmerksamkeit gelte dem Syntagma τὸ τῶν ἀναλογιῶν περί τε τὰ πλήθη καὶ τὰς κινήσεις καὶ τὰς ἄλλας δυνάμεις der Passage:
Setzt man in αἱ ἀναλογίαι περί τε τὰ πλήθη καὶ τὰς κινήσεις καὶ τὰς ἄλλας δυνάμεις für πλήθη ὄγκοι (gerechtfertigt durch den Kommentar zu obiger Übersetzung) und für τὰς κινήσεις καὶ τὰς ἄλλας δυνάμεις einfach τὰς δυνάμεις (Bewegungen sind nur spezielle Kräfte), erhält man αἱ ἀναλογίαι περί τε τοὺς ὄγκους καὶ τὰς δυνάμεις, also: die zahlenmäßige Verhältnisse (Verhältnisgleichheiten) bei ihren Massen und Kräften.[47] Fasst man in 31c-2a ὄγκων und δυνάμεων als Genetivattribute zu ἀριθμῶν auf, hat man dort Verhältnisgleichheiten (Proportionen) betreffs Zahlen von Massen und Kräften thematisiert. Beide Stellen wären somit hinsichtlich zahlenmäßiger Verhältnisse (Verhältnisgleichheiten) von Massen und Kräften parallel.[48] Dies spricht für die Auffassung von ὄγκων und δυνάμεων als Genetivattribute zu ἀριθμῶν, d.h. für die Lesart „ε ογ ε δυ ist Gen.attr. zu αρ".

Die Schlussbetrachtung (§ 4) vorwegnehmend sei gesagt, dass mir diese Lesart die angemessenste zu sein scheint.

Risch 1978 p.254). Für den Genetivus absolutus προιόντων (sc. αὐτῶν) könnte auch das Participium coniunctum προίουσιν stehen.

[46] Pritchard 1990, p.191, übersetzt bzw. kommentiert anders: 4: πλήθη = multitudes = Zahlen, 5: these proportions, 6: these, sc. the multidudes, motions and powers.

[47] Mit Massen und Kräften sind die Massen und Kräfte von Elementarkörpern (Tetraeder (Feuer) usw.) gemeint.

[48] 56b-c liest sich schon prima facie als ein (knapp gehaltenes) Wiederaufgreifen der ἀναλογία-Thematik in 31b-2c, sodass man hinsichtlich der Stichworte ἀναλογίαι, πλήθη = ὄγκοι und δυνάμεις versucht ist, was in 31c-2a betreffs ὄγκοι und δυνάμεις im Zusammenhang mit Verhältnisgleichheit unklar ist, von 56c aus zu klären. Die Parallelität beider Stellen hinsichtlich Verhältnisgleichheit im Zusammenhang mit ὄγκοι und δυνάμεις stützt auch die Ansicht, dass in 31c-2a mit den ὄγκοι Massen und mit den δυνάμεις Kräfte gemeint sind.

Rekurs zur Lesart „ε αϱ ε ογ ε δυ ist Gen.attr. zu με" (§ 3.4):

Mit der Auffassung von εἴτε ὄγκων εἴτε δυνάμεων ὡντινωνοῦν als Genetivattribut zu ἀριθμῶν τριῶν lässt sich in gewisser Weise besagte Lesart für den Fall, wo unter ὄγκοι Massen und unter δυνάμεις Kräfte verstanden werden, „retten", indem man sagt: Mit einer mittleren Proportionalen von Massen bzw. Kräften ist die mittlere Proportionale entsprechender Maßzahlen gemeint. So gesehen expliziert sich dann besagte Lesart zu:

(*) ὁπόταν γὰϱ εἴτε ἀριθμῶν τριῶν εἴτε ἀριθμῶν τριῶν ὄγκων εἴτε ἀριθμῶν τριῶν δυνάμεων ὡντινωνοῦν ἧ τὸ μέσον ...

Wenn nämlich, ob von irgendwelchen drei reinen Zahlen, ob von irgendwelchen drei Zahlen von Massen (Massezahlen) oder ob von irgendwelchen drei Zahlen von Kräften (Kräftezahlen) die Mitte ist ...

Die Auffassung hierbei von ἀριθμῶν τριῶν als drei reinen Zahlen ergibt sich aus der Annahme, dass mit der alternativischen Lesart drei disjunkte Bereiche vorliegen. Dass die Alternative ἀριθμῶν τριῶν εἴτε ὄγκων τριῶν εἴτε δυνάμεων τριῶν ὡντι- νωνοῦν besagter Lesart „in Wahrheit" zu Alternative von (*) zu explizieren ist, hat aber wohl kaum Wahrscheinlichkeit für sich.

§ 4 Schlussbetrachung

Die Frage, in welcher Weise man bei einer stetigen Proportion (ἀναλογία) „sinn- voll" davon reden kann, dass ihre Glieder untereinander gleich sind, dass sie alle Eines sind, und die ἀναλογία somit die schönste Verbindung zweier Entitäten be- werkstelligt, ist wohl schwerlich eindeutig beantwortbar. Kaum Zweifel kann aber daran bestehen, dass für das „Einswerden" der Proportionsglieder nur deren In- Proportion-Stehen maßgeblich ist und dass sie Zahlen allgemein, d.h. keine beson- deren Zahlen sind.

Die Lesarten „ε ογ ε δυ ist Appos. zu αϱ" (§ 3.2), „ε ογ ε δυ με ist Appos. zu αϱ με" (§ 3.3) und „ε αϱ ε ογ ε δυ ist Gen.attr. zu με" (§ 3.4) erweisen sich als kaum haltbar, zumindest sind sie sehr unbefriedigend.

Die Lesart „ε ογ ε δυ Gen. zu αϱ" (§ 7) scheint mir die <u>angemessenste</u> (zutreffendste) zu sein, sie lässt sich auch gut stützen.

ὄγκος und δύναμις haben in 31c-2a (mit höchster Wahrscheinlichkeit) keine mathematische Bedeutung, sondern physikalische (§ 3.4 und 3.5). Die ὄγκοι sind Massen, das heißt (sichtbare) Aggregate von Elementarkörpern der vier Elemente, die δυνάμεις Kräfte, die den Elementarkörpern „innewohnen" bzw. mit ihnen assoziiert sind.[49] ὄγκος und δύναμις sind also physikalische Termini von Platons Kosmologie.

---

[49] Möglicherweise gibt es aber auch „freie" Kräfte, siehe δύναμις in 32c, 52e.

Terminologie-Glossar

Terminologisches, geltend für die ganze Arbeit, ist nur in § 2.2 notiert, allerdings verteilt auf zwei Stellen. Zum raschen Nachsehen hinsichtlich Terminologie das folgende Glossar.

Mit <u>Zahlen</u> sind immer nur Zahlen der Folge 1, 2, 3, … gemeint. Zahlen werden mit Großbuchstaben bezeichnet: A B C D, die entsprechenden <u>Zahlzeichen</u> mit Kleinbuchstaben: a b c d (per definitionem ist also a = "A" usw.).

<u>Proportion</u> = <u>Verhältnisgleichheit</u>. Gemeint ist in der Regel die Verhältnisgleichheit bei Zahlen (und nicht die bei anderen Größen wie z.B. Strecken, Rechtecken usw., wie sie etwa bei in den EE zu Anfang von Buch V definiert ist). Zumindest in 31c und 32c ist mit ἀναλογία Verhältnisgleichheit gemeint, wahrscheinlich auch in 56c (weitere Vorkommnisse von ἀναλογία gibt es im Timaios nicht).

Es ist ziemlich wahrscheinlich, dass die Definition von Verhältnisgleichheit bei Zahlen zu Platons Zeit nicht bzw. kaum anders gefasst war als in den EE (Buch VII, Def.20): <u>Zahlen stehen in Proportion</u>, wenn die erste von der zweiten Gleichvielfaches oder derselbe Teil oder dieselbe Menge von Teilen ist wie die dritte von der vierten (<u>ἀριθμοὶ ἀνάλογόν εἰσιν</u>, ὅταν ὁ πρῶτος τοῦ δευτέρου καὶ ὁ τρίτος τοῦ τετάρτου ἰσάκις ἢ πολλαπλάσιος ἢ τὸ αὐτὸ μέρος ἢ τὰ αὐτὰ μέρη ὦσιν).

Diese Definition ist wie folgt zu verstehen, wobei A, B, C, D Zahlen sind: A verhält sich zu B, wie C sich zu D verhält, in Zeichen: A : B = C : D, wenn man hat: das größte gemeinsame Maß von A und B misst A bzw. B so oft, wie oft das größte gemeinsame Maß von C und D C bzw. D misst (dabei kann das größte gemeinsame Maß von A und B bzw. von C und D gleich einer der beiden Zahlen sein).

Hat man den Fall A : B = B : C, spricht man von einer <u>stetigen Proportion mit einer mittleren Proportionalen</u> (einem geometrischen Mittel), damit ist B gemeint, in Zeichen A – B – C. In diesem Fall spricht man auch nur kurz von einer <u>stetigen Proportion</u>.

Hat man den Fall A : B = B : C = C : D, spricht man von einer <u>stetigen Proportion mit zwei mittleren Proportionalen</u> (zwei geometrischen Mitteln), damit sind B und C gemeint, in Zeichen A – B – C – D.

Abkürzungen

AcI	accusativus cum infinitivo
Appos.	Apposition
bzw.	beziehungsweise
d.h.	das heißt
EE	Euklidische Elemente
Gen.attr.	Genetivattribut
m.E.	meines Erachtens
n.	note (Anmerkung)
p.	page (Seite)
sc.	scilicet (nämlich)
usw.	und so weiter
vgl.	vergleiche
z.B.	zum Beispiel
αρ	ἀριθμῶν τριῶν
δυ	δυνάμεων
ε	εἴτε
με	τὸ μέσον
ογ	ὄγκων

Literaturverzeichnis

Archer-Hind, Richard Dakre (Hrsg., Übers., 1988)
  The Timaeus of Plato
  New York 1973, reprint der Auflage von 1888

Bornemann, Eduard / Risch, Ernst (1978)
  Griechische Grammatik
  Frankfurt am Main 1978, 2. Aufl.

Brandwood, Leonard (1976)
  A Word Index to Plato
  Leeds 1976

Bury, R. G. (Übers., 1975)
  Plato. Volume IX: Timaeus, Critias, Cleitophon, Menexenus, Epistles
  with an English Translation by R.G. Bury
  London 1975

Cornford, Francis MacDonald (Übers., 1937)
  Plato's Cosmology. The Timaeus of Plato translated with a running commentary
  London 1956, reprint der Auflage von 1937

Diels, H. / Schubart, W. (Hrsg., 1905)
  Anonmymer Kommentar zu Platons Theaetet
  Berlin 1905

Euklid
  siehe Heath 1925, Thaer 1933-7

Georgi, Peter (2023)
  Zu Platons Theaitetos (erster Teil, die math. Dynameis) und zu Platons Ontologie
  Norderstedt 2023

Heath, Thomas L. (Übers., 1925)
  The Thirteen Books of Euclid's Elements. Translated from the Text of Heiberg
  with Introduction and Commentary

New York 1956, reprint der 2. Auflage von 1925

Lee, Henry Desmond Pritchard (1965)
Plato: Timaeus and Critias
London 1965

Pritchard, Paul (1990)
The meaning of Δύναμις at Timaeus 31c
In: Phronesis 1990, Vol. 35/2, p. 182-93

Souilhé, Joseph (1919)
Étude sur le Terme ΔΥΝΑΜΙΣ dans les Dialogues de Platon
Paris 1919

Szabó, Árpád (1986)
Der Begriff "Dynamis" in der griechischen Mathematik
In: Bulletin de la Société Mathematique de Belgique, tome XXXVIII, 1986,
p.341-65

Taylor, A.E. (1928)
A Commentary on Plato's Timaeus
Oxford 1928

Thaer, Clemens (Hrsg., Übers., 1933-7)
Euklid: Die Elemente. Buch I – XIII
Darmstadt 1980, 7. unveränderte Auflage von 1933-37